한국외국어대학교 국제지역연구센터
HK+국가전략사업단 지역인문학 총서 ❻
북방연구 시리즈: 우리에게 북방은 무엇인가

북방은 한반도 안보에 무엇인가

박홍서

한국외국어대학교에서 '중국의 대한반도 군사개입'을 주제로 정치학 박사학위를 받았다. 주요 연구 분야는 중국의 대외관계, 동북아 국제정치경제, 한반도 문제 등이다. 주요 논문으로는 "푸코가 중국적 세계질서를 바라 볼 때: 중국적 세계질서의 통치성," "중미관계와 일대일로의 정치경제: 달러 패권에 대한 취약성 극복을 중심으로," "북핵위기시 중국의 대북동맹딜레마 관리 연구: 대미관계 변화를 주요 동인으로" 등이 있다. 주요 저서로는 미중관계의 협조체제적 성격을 밝힌 『미중 카르텔: 갈등적 상호의존의 역사』가 있다. 세상에는 다양한 관점이 있다고 믿으며, 일반적이지 않은 관점을 평이한 언어로 소개할 수 있는 연구자가 되려고 한다. 한국외대 국제지역연구센터 HK 연구교수를 거쳐 현재 동서대학교 중국연구센터 학술연구교수로 한반도 문제를 연구하고 있다.

E-mail: hongseo@hanmail.net

북방은 한반도
안보에 무엇인가

초판인쇄 2021년 12월 31일
초판발행 2021년 12월 31일

지은이 박홍서
펴낸이 채종준
펴낸곳 한국학술정보㈜
주 소 경기도 파주시 회동길 230(문발동)
전 화 031) 908-3181(대표)
팩 스 031) 908-3189
홈페이지 http://ebook.kstudy.com
E-mail 출판사업부 publish@kstudy.com
출판신고 2003년 9월25일 제406-2003-000012호

ISBN 979-11-6801-317-9 94340
ISBN(세트) 979-11-6801-311-7 (전 10권)

책에 대한 더 나은 생각, 끊임없는 고민, 독자를 생각하는 마음으로 보다 좋은 책을 만들어갑니다.

한국외국어대학교 국제지역연구센터
HK+국가전략사업단 지역인문학 총서 ❻
북방연구 시리즈: 우리에게 북방은 무엇인가

북방은 한반도 안보에 무엇인가

박홍서 지음

본서는 2021년 5월 24일부터 6월 28일까지 6주에 걸쳐 매주 화요일 디지털타임스에 연재된 내용들을 정리한 것임을 밝힙니다.

이 책은 2020년 대한민국 교육부와 한국연구재단의 지원을 받아 수행된 연구임(NRF-2020S1A6A3A04064633)

북방연구 시리즈:
우리에게 북방은 무엇인가?

본 북방연구 시리즈는 한국외국어대학교 국제지역연구센터 HK+국가전략사업단의 "초국적 협력과 소통의 모색: 통일 환경 조성을 위한 북방 문화 접점 확인과 문화 허브의 구축"이라는 아젠다의 2년차 연구 성과를 담고 있다. 총 10권의 책들로 구성되어 있는 시리즈는 아젠다 소주제의 하나인 '우리에게 북방은 무엇인가'라는 질문에 대한 연구진의 답변으로, 2021년 한 해 동안 일간 디지털타임스에 매주 '북방문화와 맥을 잇다'라는 주제로 연재됐던 칼럼들을 기초로 작성되었으며 아래 세 가지에 주안점을 두고 집필하였다.

첫째, 간결하고 평이한 문체를 사용하고자 노력하였다. 사업단의 연구내용을 관련 분야에 종사하는 연구자 및 전문가는 물론 일반대중과 학생들도 쉽게 읽고 이해할 수 있기를 바란다.

둘째, '우리에게 북방은 무엇인가?'라는 질문에 답하는 과정에서 가능한 다양한 시각을 포괄하고자 노력하였다. 정치와 외교, 국가전략, 지리, 역사, 문화 등 다양한 입장에서 살펴본 북방의 의미를 독자 대중이 쉽게 이해할 수 있기를 바란다.

셋째, 통일이라는 목적성을 견지하면서 북방과의 초국적 협력 및 소통이 종국적으로 한반도와 통일 환경에 미칠 영향에 대해 다양한 시각으로 접근하였다.

통일은 남과 북의 합의는 물론 주변국과 국제사회의 협력이 필수적인 지극히 국제적인 문제다. 그리고 북방과의 관계 진전은 성공적인 통일 환경 조성에 필수적 요소다. 본 시리즈가 북방과의 초국적 협력을 통한 한반도 통일 환경 조성에 미약하나마 기여할 수 있기를 기대한다.

2021년 12월

집필진을 대표하여

HK+국가전략사업단장 강준영

목차

01

중국의 혼란은 한반도 안보에 어떤 영향을 주는가?

최근 한국 내 반중 정서가 심상치 않다. 강원도가 한중 문화타운 건설을 계획하자 이를 반대하는 목소리가 쏟아졌다. 청와대 국민청원 게시판에는 70여만 명에 달하는 사람들이 반대 서명을 하기까지 했다. 또 공중파 사극이 역사를 왜곡하고 중국식 소품을 사용했다는 비난에 못 이겨 방영 2회 만에 막을 내리기도 했다. 이외에도 '김치 논쟁' 등 중국 관련 기사에는 어김없이 수많은 악플들이 달리고 있다.

반중 정서의 배경을 어느 하나만으로 설명하기는 어렵다. 그 배경에는 역사·문화적 문제나, 국가 간 관계, 혹은 초국적인 경제 문제가 복잡하게 얽혀 있을 것이다. 역사·문화적 배경은 원초적이다. 한반도 거주민과 중국대륙 거주민들은 수천 년 이상 인접해 살아왔다. 지리적으로 가까운 사람들 사이에는 교류만큼 갈등 역시 상존한다. 한반도 거주민들은 대륙의 선진 문물을 흠모하기도 했지만 동시에 대륙 사람들을 비하하곤 했다. 조선 후기 박지원의 『열하일기』는 이를 보여준다. 당대 최고의 수재라는 박지원은 청의 선진 문물에 경탄하면서도 동시에 청을 오랑캐라며 폄하했다.

국가 차원에서도 이러한 '애증'의 관계는 다르지 않다. 봉건시기 조선은 '사대자소'를 외치며 중국을 상국이라 인식했지만, 조중관계에는 늘 긴장감이 흘렀다. 임진왜란기 선조는 명군과 왜군의 타협 가능성을 끊임없이 의심했으며, 정묘호란 이전 광해군은 조선의 열악한 상황을 들어가며 명의 원병 요청에 소극적으로 대응했다. 조선말 조러밀약이나 박정양 사건 등도 전통 시기 한중관계의 긴장감을 보여준다. 현재도 크게 다르지 않다. 북중관계는 '혈맹'이지만, 북한은 핵실험과 미사일 발사 등으로 중국을 난처하게 만들고 있으며, 중국은 유엔의 대북 제재에 찬성하고 있다. 한중관계 역시 막대한 무역 상대국임에도 불구하고, 사드 문제와 같은 첨예한 갈등이 표출되고 있다.

이러한 긴장에도 불구하고 중국에 대한 한반도의 인식과 한반도 문제에 대한 중국의 역할은 명확히 구분해 이해할 필요가 있다. 인식과 현실은 별개의 문제이기 때문이다. 감정에 치우쳐 현실을 적확히 보지 못한다면, 의도하지 않은 부정적 결과가 초래될 가능성이 농후하다. 국제정치라면 특히나 그렇다. 중국은 한반도 안보에 어떤 의미인가?

■ 중국의 불안정과 한반도 전쟁

역사적으로 한반도 안보위기는 중국의 정치 상황이 불안정할 때마다 반복됐다는 사실을 부인하기 어렵다. 예를 들어, 명의 쇠퇴는 임진왜란과 병자호란을 초래한 구조적 요인이었다. 임진왜란 직전 명은 왕조 쇠퇴의 징후들을 드러내기 시작했다. 만력제는 정사를 내팽개쳤고, 환관들은 발호했으며 관료들은 부패했다. 지방 각지에서는 반란들이 빈번했다. 이런 상황에서 명은 도요토미 히데요시에 의해 급속히 세력을 강화하던 일본을 견제할 수 없었다. 대일 세력균형에 실패한 것이다.

동서고금 전쟁에는 무수한 원인이 존재할 것이다. 그러나 분명한 사실은 그 원인이 무엇이든 전쟁이 실제화되려면 전쟁 개시국이 물리적 힘을 가져야 한다는 것이다. 전쟁을 수행할 힘이 없으면 아무리 전쟁 의도가 강하다고 하더라도 전쟁을 실행할 수 없기 때문이다. 따라서 전쟁 대상국이 사전에 더 강한 힘으로 전쟁 개시국을 견제할 수 있다면 전쟁발발 가능성은 그만큼 낮아진다. 2차 대전 직전 영국, 프랑스, 러시아, 그리고 미국이 단합해 히틀러 정권을 견제했다면 수천만 명이 희생된 참극은 애초 발생할 수 없었을 것이다. 임진왜란 직전 명 역시 일본에 대한 강력한 경고나, 조선과 협력해 군사대비 태세를 갖췄다면 전쟁을 방지하거나 최소한 전쟁 초기에 왜군을 패퇴시켰을 수도 있다. 그러나 국내정치의 혼란으로 명은 그럴만한 여력이 없었고 전쟁은 발발했다.

병자호란 역시 다르지 않다. 명이 건재해 여진족을 이전처럼 엄격히 통제·관리했다면, 병자호란은 애초가 일어날 수 없었다. 그러나 명의 쇠퇴는 임진왜란으로 더욱 가속화된 반면 만주의 여진족은 누르하치를 중심으로 빠르게 세력확장에 나섰다. 그러한 후금은 명과의 최후결전을 위해서라도 배후에 있는 조선을 굴복시키려 했다. 정묘년과 병자년의 난리는 그렇게 일어났다. 참화의 피해는 온전히 한반도 사람들의 몫이었다. 수많은 사람이 죽임을 당하고 또 포로로 끌려갔다.

1894년 청일전쟁도 다르지 않다. 청제국은 이미 18세기 무렵부터 관료부패, 팔기군 체제의 균열, 백련교도의 난 등 왕조 쇠퇴의 전형적 징후를 드러냈다. 게다가 인구마저 급속히 증가해 식량난 등 민초들의 생계는 위협받았다. 무엇보다 아편전쟁으로 상징되는 소위 '서구의 충격'은 단순한 왕조 쇠퇴를 넘어 2천여 년 지속된 중화제국의 기반을 뒤흔들었다. 이런 대내외 위기에 직면한 청은 메이지 유신을 통해 근대국가로 부상한 일본을 견제할 수 없었다. 청일전쟁은 그 구조적 결과였다.

1950년 한국전쟁도 동일한 맥락이다. 전쟁으로 한반도 전 인구의 10% 이상이 죽거나 다쳤다. 전쟁의 원인은 다양하겠지만, 중국의 정치 상황이 불안정했다는 사실은 부인하기 어렵다. 중국에서는 이미 수십여 년에 걸쳐 내전과 전쟁이 지속됐다. 1949년 10월 중화인민공화국이 수립됐지만, 중국공산당 세력은 여전히 중국 전역을 확고히 장악하지 못한 상황이었다. 마오쩌둥 정권이 소위 신민주주의를 표방하며 자본가 계급과의 연대를 모색할 수밖에 없었던 이유다. 이러한 상황에서 신생 중국은 사회주의 종주국 소련에 취약할 수밖에 없었다. 마오쩌둥 정권은 향후 소련으로부터의 정치·경제적 지원을 확보하기 위해서라도 군사개입을 강력히 요구하는 스탈린의 압력을 무시할 수 없었던 것이다.

국제정치학에 '패권안정'이라는 개념이 있다. 패권

국가에 의해 국제정치 질서가 안정된다는 논리이다. 패권국은 국제질서를 만든 당사자이기 때문에 그 현상유지에 대한 강력한 의지를 가진다. 팍스 로마나, 팍스 브리타니카, 그리고 팍스 아메리카나는 그 전형적 사례라 할 수 있다. 이러한 사실에 비추어 보면, 봉건시기 동아시아에서 형성됐던 팍스 시니카 역시 다르지 않다. 중국 왕조가 안정적일 때 동아시아 질서 역시 안정적이었던 반면 왕조교체와 같은 시기에는 안보위기가 빈번했다. 이러한 역사적 사실은 한반도가 중국을 어떻게 인식하는가와는 별개인 문제라 할 수 있다. 한국 내 반중정서가 아무리 강하다고 하더라도 중국과 한반도 안보가 밀접한 상관관계를 이룬다는 사실을 부인할 수는 없는 것이다.

■ 북핵문제와 중국

북핵문제도 다르지 않다. 중국은 1990년대 초부터 현재까지 '한반도 비핵화'와 '한반도 안정'을 계속해 강조해오고 있다. 특히, 둘 중 하나만을 선택해야 한다면, 중국은 한반도 안정을 택할 가능성이 크다. 한반도 전쟁은 중국의 최고 국가목표인 경제발전에 치명적이기 때문이다. 한반도에서 다시 전쟁이 발발한다면, 북한의 동맹국인 중국은 어떤 형식으로든 연루될 수밖에 없다. 극단적으로 중국은 1950년 상황과 같이 미국과 충돌할 수도 있다. 경제발전은 둘째 치고 중국의 국가 존립 자체가 불확실해지는 최악의 상황일 수밖에 없다. 핵무기가 날아다니는 현대전쟁에서 승자의 패자의 구분은 무의미하기 때문이다.

사실, 중국은 북한의 핵 보유를 일정 정도 '묵인'한 측면이 있다. 중국은 반복적으로 주권국가 북한에 대한 영향력에 한계가 있다고 항변하고 있지만, 북한이 대외무역의 90여 %와 원유의 대부분을 중국에 의존하고 있는 상황, 무엇보다 유사시 군사적으로 의존할 수 있는 유일한 동맹국이 중국이라는 사실을 놓고 보면 북한에 영향력이 없다는 중국의 주장은 차라리 '엄살'이라 보는 게 합리적이다. 게다가 중국에게 북핵은 미국을 견제하는 군사적 효용도 있다. 미국이 한·미·일 동맹체제를 강화해 중국을 견제할수록 중국에게 북한의 지정학적 가치는 커질 수밖에 없다. 과거 중국이 인도를 견제하기 위해 파키스탄의 핵개발을 지원했던 상황과 동일한 맥락이다. 따라서 중국은 북핵문제가 전쟁 상황으로 이어지지만 않는다면, 그리고 적절하게 통제·관리될 수만 있다면, 사력을 다해 북한의 핵개발을 차단해야 할 필요성은 없다.

결국, 중국에게 관건은 한반도 안보를 누가 흔드는가의 문제라 할 수 있다. 중국에게 그 주체는 상황에 따라 북한도 될 수 있고, 미국도 될 수 있다. 북한의 반복된 벼랑끝 전술이나 미국의 대북 '적대시 정책' 모두 중국의 안보이익을 훼손한다. 따라서 중국은 누가 더 한반도 안보위기를 조성하는가에 대한 자체 판단에 따라 그 대응 행태를 달리한다.

중국은 북한이 강압외교로 한반도 안보위기를 조장한다면 고위급 외교나 '은밀한' 압력을 통해 북한을 자제시키는 행태를 보여왔다. 2017년 북한의 거듭된 핵실험과 미사일 발사로 한반도 위기가 고조되자, 중국 관영 언론은 미국의 대북 폭격을 용인하는 듯한 속내를 드러내기까지 했다. 북한에 대한 보다 명확한 경고라 할 수 있다. 심지어 중국은 미국과의 협의를 통해 북한에 대한 '공동통치' 의도까지도 드러냈다. 2017년 12월 북한 급변사태 상황에 대해 미중 협의가 있었다는 미 국무장관 틸러슨의 발언은 이를 시사한다. 북한은 당연히 이런 중국의 행태에 강력히 반발했다. 당시 북한은 중국의 행태를 "조중관계의 기둥을 찍어 버리는 무모한 망동"이라며 전례 없는 비난을 가하기도 했다.

반면, 중국은 북한을 자제시키면서도 동시에 미국의 과도한 대북 공세를 견제하려는 의도를 지속적으로 드러내고 있다. 유엔의 대북제재를 찬성하면서도 동시에 원유금수 등 미국의 강경한 대북제재 주장에는 선을 분명히 긋고 있다. 사실, 2017년 한반도 위기 시 중국은 미국의 북폭 가능성을 묵인하면서도 동시에 북중관계가 '선혈(鮮血)'로 이뤄진 혈맹관계라는 사실 역시 강조했다.

북한은 핵무력을 갖추고 있기 때문에 미국의 공격을 막아낼 수 있다고 선전한다. 미국이 리비아나 이라크처럼 북한을 공격할 수 없는 이유라는 것이다. 그러나 카다피 정권이나 후세인 정권이 무너진 이유는 중국 같은 '든든한' 동맹이 없었기 때문이라고 말하는 것이 보다 적확할 것이다. 미국은 물론 북한의 핵무기를 우려하지만, 더욱 방지해야 할 상황은 북한의 배후에 있는 중국과의 군사충돌이라 할 수 있다. 미국은 한반도에서 중국과 제2의 한국전쟁을 벌여야할 합리적 이유가 없다. 그것은 공멸을 초래할 수도 있기 때문이다.

현실과 이상은 다르다. 물질과 관념도 다르다. 양자는 일치될 때도 있지만 대부분 상황에서는 긴장감이 흐른다. 우리가 맨몸으로 하늘을 날 수 있다는 관념이 아무리 강하더라도, 빌딩 옥상에서 뛰어내리면 죽는 것이 현실이다. 한국 내 반중 정서와 중국이 한반도 안정에 어떤 역할을 하는지 역시 별개의 문제이다. 관념과 현실의 혼동이 현실을 치밀하게 보지 못한 결과라면 크게 문제될 것은 없을 것이다. 더욱 정확히 현실을 보려는 노력이 있으면 그만이기 때문이다. 그러나 그 혼동이 '의도적'이라면 문제는 달라진다. 반중 정서를 상품화해 자신들의 이익을 확보하려는 정치세력이 있다면 경계해야 마땅하다. 그런 상황에서 이익을 얻는 이들은 오직 그들 정치세력밖에 없기 때문이다. 중국에 대한 관념과 중국이라는 현실은 구분되어야 한다.

사진 1. 공주 우금치 동학농민군 전적지. 19세기말 중국의 불안정은 청일전쟁의 구조적 배경이 되었다. 전쟁으로 수많은 한반도 민중이 고통을 받았다. 박홍서©

02

중화제국은 어떻게 장기간 존속했는가?

중화제국은 페르시아 제국, 로마제국, 오스만 제국, 대영제국 등과 비교해 장기 지속이란 특성을 갖는다. 기원전 221년 진시황이 전국을 통일한 이후 왕조는 수없이 바뀌었지만, 천자 황제를 정점으로 하는 중화제국 시스템은 1911년 신해혁명까지 크게 달라지지 않았다. 그 강성함도 계속돼 중화제국은 2천여 년 동안 동아시아 패권국의 지위를 잃지 않았다. 유럽 국가들과 비교해서도 중화제국은 뒤처지지 않았다. 오히려 1800년 청제국의 1인당 GDP는 서구의 최강국이었던 영국과 프랑스를 압도했다. 중화제국의 장기 지속은 어떻게 가능했을까?

■ 중화제국의 통치기술

수많은 왕조의 부침에도 중화제국의 시스템 자체가 달라지지 않았다는 사실은 제국의 통치체제가 그만큼 효율적이었다는 것을 시사한다. 몽골족이나 여진족 등 이민족 왕조 역시 즉각적으로 제국의 통치시스템을 받아들였다는 사실은 이를 반증한다. 중화제국의 구체적인 통치기술은 무엇인가? 비판이론가 미셸 푸코에 따르면, 지배 권력의 통치술은 지배기술과 자아기술로 구분된다. 지배기술은 피통치자들에 대한 권력의 직접적인 통치술이며, 자아기술은 피통치자 스스로 통치하게 만드는 통치술이라 할 수 있다. 일반적으로 통치행위는 이러한 지배기술과 자아기술이 혼합돼 이뤄진다.

중화제국의 통치술 역시 지배기술과 자아기술로 구성된다. 중화제국의 가장 기본적인 지배기술은 무엇일까? 역시 '폭력'을 빼놓을 수 없다. 중앙은 거대한 땅과 백성을 통치하기 위해서라도 힘이 있어야 했다. 물리적 힘이 통치의 충분조건이 아니더라도, 힘이 없으면 현실적으로 통치 자체가 어려웠기 때문이다. 중국 역사에 중앙의 힘이 약화될 때마다 어김없이 지방 세력이 발호했다는 사실은 이를 뒷받침한다. 중화제국의 권력자들은 유가적 통치술인 왕도를 찬양하며 법가의 패도성을 비판했지만, 수면 아래에서는 신상필벌을 강조하는 법가적 통치술을 활용했다. 실제로는 유가로 법가를 가리는(以儒飾法) 통치 행태가 일반적이었던 것이다.

한편, 중화제국의 통치시스템은 여러 가지 물리적 장치들에 의존했다. 대표적으로 한자는 그 대표적 장치 중 하나였다. 표의문자인 한자는 다양한 방언이 존재하는 중화제국의 지리적 현실을 극복할 수 있는 유용한 텍스트 장치로 기능했다. 한자를 통해 황제의 칙령은 전국 각지의 엘리트 계급(관료와 향신)에게 정확히 전달될 수 있었던 것이다.

과거제 역시 중요한 장치라 할 수 있다. 과거제는 역사상 다른 제국에서 찾아보기 힘들 정도로 중화제국만의 특색을 갖는다. 과거제는 황제의 촉수를 선발하는 장치였다. 각양각색의 지방을 통치하기 위해서는 중앙의 의지를 전달하고 집행하는 관료체계가 필수적이었다. 중화제국은 과거제를 통해 이들 관료를 엄선하고 파견했다. 그 실상이 어떻든 '공정한' 국가공무원 시험을 통해 선발된 관료들은 그만큼 피통치자들에게 정당성을 확보할 수 있었다. 중화질서 속 대표적 국가였던 조선에서 장원급제가 갖는 사회적 의미가 어땠는지를 상상해 보면 쉽게 이해되는 상황이다.

'사통팔달'로 표현되는 중화제국의 교통망 역시 유용한 통치장치였다. 중화제국의 교통망은 주나라 때부터 역참제도가 갖춰지기 시작해 진·한 시대에 들어서

거의 완비되었다. 모든 도로마다 존재했던 역참은 군정과 행정을 총괄하는 기관으로 중앙의 명령을 신속히 지방 각지로 전달하였다. 완비된 도로는 유사시 지방에서 일어난 반란을 진압하기 위해서라도 필수적이었다. 제국의 사통팔달 도로망은 일종의 네트워크라 할 수도 있다. 전국으로 뻗은 도로는 네트워크의 수많은 링크였으며, 역참은 그들을 연결점인 노드였다.

중화제국의 통치는 이들 지배기술로만 구성되지는 않았다. 통치가 더 효율적이기 위해서는 지배기술에 더해 피통치자들 스스로 통치하게 만드는 자아기술이 필요했다. 유교의 강점은 바로 이 지점에서 드러난다. 유교는 한무제 시기 동중서에 의해 국가이데올로기로 정립된 이후 청나라까지 그 위상을 잃지 않았다. 심지어 유물론을 신봉하는 현재의 중국공산당조차도 유가의 핵심 덕목인 '덕치'나 '조화로움'을 강조하고 있는 실정이다. 공자의 육신은 2천 5백여 전에 사라졌지만, 그의 정신은 영생하고 있는 것이다.

■ 유교, 스스로 통치하게 하기

자아기술로서 유교의 탁월함은 무엇인가? 유교가 최고의 인간형으로 설정한 '군자'의 정치적 의미를 살펴 볼 필요가 있다. "군자는 의(義)로부터 깨달음을 얻고, 소인은 이(利)로부터 깨달음을 얻는다"라는 논어의 구절은 의미심장하다. 군자는 소인과 비교해 사고의 일관성을 갖는다. 소인은 이익을 추구하기 때문에 자신의 이익에 따라 어떠한 행동이라도 가능하다. 주군을 갈아치울 수도 있고 기존 사회체제를 변혁하려 들 수도 있다. 군자는 그렇지 않다. 의라는 것은 쉬 변할 수 있는 것이 아니기 때문에 결국 군자는 그만큼 체제수호적인 성향을 보인다.

"군자는 홀로 있을 스스로 삼간다"라는 중용의 구절도 군자의 체제순응성을 드러낸다. 일반적으로 권력은 피통치자에 대한 일상적 감시를 통해 지배 효율성을 극대화하려 한다. 민주화된 국가라도 그렇다. 미국의 국가안보국이 인터넷을 면밀히 감시하고 있다는 것은 잘 알려진 사실이다. 이런 측면에서 유교는 물리적 감시 장치를 아예 피통치자의 정신에 이식시킨다. 너희들은 군자이기 때문에 스스로 삼가야 한다는 논리를 끊임없이 주입시키는 것이다. 유교 경전을 학습하는 중국의 엘리트 계급은 일생을 체제순응적 군자가 되려고 노력하며, 반대로 소인을 격멸하도록 주체화된다. 막대한 영토와 인구에 대한 물리적 감시가 현실적으로 불가능한 상황에서 이러한 통치방식은 매우 뛰어난 가성비를 가질 수밖에 없다.

중화제국은 유교의 자아기술을 내치뿐만 아니라 대외관계에서도 구사하였다. 조선과 같은 중화질서의 핵심 구성국은 스스로 군자의 나라임을 천명하면서 상국인 중국에 대해 끊임없는 충성심을 드러내었다. 또한, 주변국들은 각각의 국내정치에서도 유교를 활용해 통치효율성을 극대화하려 하였다. 1627년 인조반정 사례는 조선의 지배 엘리트가 얼마나 유교 통치술을 내면화하고 있는지 잘 보여준다. 쿠데타 직후 반정세력은 인목대비 명의의 반정 교서를 내린다. 교서는 광해군이 재조지은을 망각하고 오랑캐 후금과 내통함으로써 예의의 나라인 조선을 '금수의 나라'로 만들었다고 성토하였다. 명이 몰락한 상황에서조차 조선의 엘리트 계급이 만동묘를 만들어 명 황제를 기렸다는 사실은 그만큼 중화제국의 자아기술이 조선에 공고하게 작동했음을 반증한다.

주변국이 군자나라가 되려는 열망이 강할수록 중국은 힘들이지 않고 중화질서를 유지할 수 있었다. 주변국을 무력으로 복속시키는데 소요되는 재정적, 군사적 부담을 질 필요가 없었기 때문이다. 한나라 이후 중화제국의 통치자들이 과도한 힘의 투사를 경계했다는 사실은 이러한 맥락과 닿아 있다. 한무제는 후손들에게 제국의 과잉팽창을 경계하라는 유훈을 남겼다. 한무제는 재임 당시 흉노족에 대한 공격이나 고조선에 대한 한사군 설치 등 공세적 대외 확장을 추구했다. 그러나 그로 인해 한나라의 재정상황이 악화되자 세력팽창이 결코 현명하지 못하다는 결론을 내렸다. 명나라가 30여년에 걸친 쩡허의 대원정을 영락제 사후 전격 중지한 배경에도 과잉팽창에 대한 경계가 있었다. 광대한 영토를 가졌던 원나라의 전성기가 불과 백 년여에 불과했던 사실 역시 반면 교사가 되었을 것이다.

중화제국은 각종 담론을 생산하고 유통시킴으로써 과잉팽창에 대한 자제를 정당화했다. 예를 들어, '이이제이'나 '기미책' 그리고 '속국자주' 같은 개념들을 활용해 제국의 패권유지 비용을 효율적으로 관리하려 했다. 특히, 조선과의 관계에서 속국자주는 늘 그런 식으로 소비되었다. 19세기말 병인양요와 신미양요가 발발하자 서구 열강은 청에게 조선의 종주국으로서 문제해결에 나서달라는 요구를 했다. 그러나 청은 '전통적으로 조선은 중국의 속방이지만 외교와 내치는 자주'라고 주장하면서 개입요청을 거부했다. 속국이되 자주라는 일종의 형용모순에는 중화질서는 유지하되 군사개입을 최소화함으로써 패권유지 비용은 최소화하려는 중국의 실리적 태도가 드러난다.

물론, 그렇다고 중화제국이 항상 대외개입을 최소화하려 했던 것은 아니다. 중국의 사활적 이익이 걸린 문제가 발생할 경우 직접적인 군사개입이나 정치적 간섭을 통해 제국의 이익을 보호하려 했다. 예를 들어, 임진왜란 시기 대규모 군대를 파병해 왜군을 격퇴한 것은 소위 순망치한으로 표현되는 지정학적 가치를 지키기 위한 행태였다. 또한, 청일전쟁 전 위안스카이를 조선에 보내 직할통치에 상응하는 내정간섭을 자행했던 사실도 이를 보여준다. 청은 마지막 남은 조공국 조선이 중화질서로부터 이탈할 가능성을 강력히 차단했던 것이다.

■ 중화제국의 관성

중화질서의 현재적 의미는 무엇일까? 중국의 급속한 부상에 따라 많은 이들은 중국위협론을 주장하고 있다. 특히, 일각에서는 중국이 봉건시기 때와 같이 동아시아에서 위계적 국제질서를 추구할 가능성이 있다며 우려를 나타내고 있다. 2017년 4월 미중 정상회담에서 "한국은 중국의 일부였다"라는 시진핑의 발언이 국내에서 논란이 되기도 하였다.

미래는 열려 있기 때문에 지금보다 강성해진 중국이 주변국에 어떠한 모습을 보일지는 단언하기는 힘들다. 그러나 주권 존중을 핵심 외교 원칙으로 강조하는 중국이 근 미래에 타국의 주권을 노골적으로 침해할 가능성은 높아 보이지 않는다. 그러한 행위는 홍콩이나 신장, 그리고 타이완 문제에 있어 '내정간섭'을 강력히 반대하고 있는 중국 자신의 행태와 정면으로 배치되기 때문이다. 특히, 아편전쟁 이후 서구 열강에 의해 백여 년간의 '민족적 굴욕기'를 경험하면서 주권을 신성시화하고 있는 중국이 타국의 주권을 침해하는 것은 명백한 자기모순일 수밖에 없다.

그러나 그렇다고 2천여 년 지속된 중화질서의 관성이 모두 소멸됐다고 볼 수는 없다. 차라리 중화질서의 규범이 근대 주권 규범과 뒤섞일 가능성을 전망해 볼 수 있다. 실제로 중국 학계에서 '신천하체계론'은 이미 주요 학술 담론으로 자리잡고 있다. 이들 담론은 주권국가로 분절된 근대 국제질서는 국가 간 대립과 충돌이 일상적이며, 특히 미국 등 일부 국가는 힘의 논리에 따라 패권을 휘두른다고 비판한다. 반면, 가-국-천하라는 연결 구조를 갖는 중국의 전통적 천하관은 국제정치의 첨예한 무정부 상태를 극복할 수 있는 이론적 토대가 될 수 있다고 강조한다.

중국 정부도 공식적으로 유교와 연결된 대외관을 드러내고 있다. 후진타오 정권 시절 '조화로운 세계'를 강조한다거나, 현재 시진핑 정권이 일대일로 참여국들을 '운명공동체'라는 개념으로 포괄한 것 등은 천하관의 요소를 일정하게 포함하고 있기도 하다. 이는 향후 중국이 실제 외교과정에서 현실주의적 행태를 보인다고 하더라도, 최소한 명분적으로는 중화질서의 규범을 현대적으로 변용할 수 있다는 것을 시사하는 것은 아닐까?

사진 2. 유물론에 기반한 현재의 중국공산당조차 유교 이념을 통치에 활용하고 있다. 공자의 고향인 취푸를 방문해 유교 서적을 탐독하고 있는 시진핑. 박홍서©

03

중국의 안보형태는 특이한가?

중국에 대한 대표적인 선입견 중의 하나는 중국은 다른 국가와 비교해 '다르다'라는 것이다. 많은 이들은 중국을 서구 근대국가의 도식적 틀로 설명할 수 없다고 주장한다. 수많은 왕조가 바뀌고 통일과 분열을 경험했지만, 중국이라는 큰 줄기가 변함없다는 것이다. 중국 연구가 루시안 파이(Lucian Pye)는 중국을 "근대국가를 가장한 문명국가"라고 규정하기까지 했다. 중국 특수론자들은 현재 중국의 행태 역시 독특하다고 강조한다. 다른 국가와 동일한 상황에서도 중국은 다르게 행동한다는 논리다. 중국 스스로도 자신의 독특성을 강조한다. 국제정치를 말하며 '화이부동'을 강조하고, 경제발전을 말하며 '중국적 특색'을 강조한다.

국제정치학의 현실주의 이론에 따르면, 국가들은 효용과 비용에 따라 행동하는 합리적 주체이다. 그렇다면, 중국은 이러한 주류 이론의 논리와 부합하지 않는 행위자가 된다. 중국은 결과에 대한 합리적 계산에 따라 행동하는 것이 아니라 고유한 정체성이나 문화에 따라 행동하는 것이다. 즉, 중국은 '결과의 논리' 아니라 '적합성의 논리'에 따라 행동한다.

국제정치학의 '전략문화' 이론은 이런 방식의 설명과 맞닿아 있다. 중국의 대외행태는 세력균형과 같은 현실주의적 공리가 아니라 중국만의 독특한 문화를 이해할 때 비로소 설명할 수 있다는 것이다. 중국은 적국에 비해 전력이 약한 상황에서도 공세적 방어를 펼친다거나, 중국이 패권국으로 부상하더라도 힘보다는 유교적인 조화를 통해 타국을 다룬다는 논리다. 중국의 안보 행태는 정말 독특한가?

■ 레토릭과 실제는 별개의 문제

일상생활에서와 같이 국제정치에서도 말과 행동은 구분되어야 한다. 한 국가의 정치적 수사와 그 국가가 실제 어떻게 행동하는가는 별개의 문제일 수밖에 없다. 중국의 경우도 그렇다. 중국의 말과 행동이 부합하는지 어떻게 판단할 수 있을까? 그 판단은 결국 '결정적인 순간'에 중국이 어떻게 행동하는지 관찰할 때 드러날 것이다. 일상적으로 윤리를 강조한다고 도덕군자가 되는 것은 아니다. 자신의 물질적 이익이 심각히 훼손되는 상황에서도 신념에 따라 행동할 때 우리는 그 행위자의 진정성을 확인할 수 있다.

국제정치에서 그런 결정적 순간은 전쟁 등 안보위기 상황이라 말할 수 있다. 그런 상황에서도 중국은 정말 다른 국가와 다르게 행동했을까? 그렇다고 단언하기 힘들다. 한중관계를 사례로 들어보자. 봉건시기 한중관계는 유가적 규범에 따른 자발적 위계관계였다. 동아시아에서 조공질서가 제도화된 명청 시기 조선과 중국은 서로 '사대자소(事大字小)'의 규범을 강조했다. 조선은 중국을 상국으로 섬기고 중국은 조선을 자식처럼 잘 보살펴야 한다는 원리였다. 일상적인 한중관계 역시 이런 규범에 충실한 듯 보였다. 조선은 성실하게 조공을 바쳤고, 중국은 책봉을 내려 조선 정권의 정당성을 보장해 주었다. 조선 임금에게 상제의 아들인 중국 황제의 책봉은 하늘로부터 권력을 인증 받았다는 증명서였다.

그러나 안보위기 상황에서의 한중관계는 이런 규범적이고 의례적인 논리로부터 이탈되는 경우가 많았다. 오히려 중국과 조선은 실리적인 현실주의 논리에 따라 행동했다. 예를 들어, 관념적 규범대로라면 임진왜란 당시 명은 즉시 원병을 보내 조선을 구원했어야 한다.

절대절명의 위험에 빠진 자식을 외면할 부모는 없기 때문이다. 그러나 명은 그렇게 행동하지 않았다. 심지어 명은 왜군의 빠른 북상을 두고 조선과 일본의 담합을 의심하기까지 했다. 사신을 보내 그 진위를 정탐하기도 했다. 결국, 의심이 풀리고 왜군이 평양까지 진군한 이후에야 명은 비로소 원병을 보냈다.

명의 파병은 지정학적 계산에 따른 행동이었다. 완충지대인 한반도 북부까지 왜군이 장악할 경우 명의 국가안보가 심각하게 위협받기 때문이었다. 명군의 행태와 1950년 한국전쟁 당시 중국 인민지원군의 행태가 유사하다는 사실은 이를 뒷받침한다. 한국전쟁 시기에도 중국은 미군이 38선을 넘자 애초 관망하는 태도에서 벗어나 파병을 결정하였다. 봉건 중국과 사회주의 중국이 이질적인 행위자임에도 불구하고 동일한 행동을 했다면, 그 원인은 각 행위자들의 독특성이 아니라, 명과 중화인민공화국이 처한 동일한 환경에 있다고 보는 것이 타당할 것이다. 역시 지정학이라는 구조의 문제이다.

군사개입 이후의 상황 역시 임진왜란과 한국전쟁은 비슷했다. 명군은 평양성 전투 승리 왜군이 남쪽으로 철수하자 소극적 전술로 일관했다. 왜군과 협상을 벌여

사진 3. 임진왜란기 명군과 왜군의 강화 기념비. 용산 심원정에 있다. 박홍서©

철수하는 왜군을 조선군의 공격으로부터 보호하기까지 했다. 왜군을 뒤쫓는 조선군을 잡아다 곤장을 칠 정도였다. 한국전쟁 당시에도 미군이 38선 이남으로 퇴각하자 중국인민지원군 사령관 펑더화이는 미군을 추격하기보다는 현 전선의 방어 명령을 내렸다. 이런 중국의 행태를 두고 16세기 선조 정권과 20세기 김일성 정권은 강하게 불만을 토로했지만 명과 중화인민공화국은 아랑곳하지 않았다. 4백여 년의 시차를 두고 중국군의 행태가 놀라울 정도로 같았던 배경에는 한반도 북부지역의 확보라는 지정학적 이유가 있었을 뿐이다. 중국은 속방을 보살핀다는 적합성의 논리가 아니라 국가안보를 수호한다는 결과의 논리에 따라 움직인 것이다.

19세기말 조선에 대한 청의 행태도 다르지 않았다. 표면적으로는 조공관계의 규범으로 포장했지만, 조선 문제에 대한 청의 행태는 매우 현실적이었다. 병인양요와 신미양요가 일어나자 서구 열강은 청에 문제해결을 요청했다. 조선의 종주국이니 나서서 해결해 달라는 것이었다. 그러나 청은 "조선이 비록 우리의 속방이지만 전통적으로 외교와 내치는 자주였다"라는 속국자주의 논리를 들며 개입을 회피했다. 청은 자국의 행태를 중화질서의 독특한 규범으로 정당화했지만, 사실은 조선 문제로 인한 정치·경제적 부담을 지지 않으려는 합리적 행태였다.

1882년 임오군란이 발발하자 즉각적으로 개입해 군란의 배후였던 대원군을 납치해 갔던 사실 역시 규범과 현실의 괴리를 단적으로 보여준다. 당시 청은 상국으로서 조선의 혼란을 외면할 수 없다고 주장했지만, 청의 외교를 총괄하던 리훙장은 대원군이 청일 간 충돌을 조장했기 때문에 납치했다고 훗날 증언하기도 했다. 결국 청은 안정적인 대일관계를 위해서 대원군 정권을 붕괴시켰던 것이다. 여기서 사대자소라는 중화질서의 관념적 규범 따위는 어디에도 없었다.

■ 특이한 것은 실제가 아닌 말

현재도 중국의 말과 행동이 일치한다고 볼 수는 없다. 중국은 개혁개방 이후 자국의 발전을 소위 중국적 특색의 사회주의라고 채색하고 있다. 그러나 정치경제학자 데이비드 하비의 지적처럼 중국의 발전은 1970년대부터 확산된 전 지구적 신자유주의 발전의 중국 버전에 불과할 수도 있다. 중국의 발전은 사실 중국적 특색의 자본주의가 되는 것이다.

정치 안보 측면에서도 중국의 레토릭과 실제 행태는 구분돼야 한다. 중국이 말하는 '전략적 동반자관계'를 보자. 중국은 동맹을 냉전의 산물이라고 비판하면서 한국을 비롯해 수십여 개 국가와 전략적 동반자 관계를 맺고 있다. 전략적 동반자관계는 동맹 당사국처럼 상호 의무가 존재하지 않는다. 단지 구동존이(求同存異) 정신에 기초해 갈등문제는 제쳐두고 상호 주권을 존중하고 공동 번영에 초점을 맞추자는 논리이다.

그러나 중국의 실제 외교 행태가 전략적 동반자관계의 규범과 부합한다고 단언하기는 힘들다. 사드배치를 둘러싼 중국의 행태는 이를 보여준다. 중국은 사드가 중국의 안보이익을 훼손한다며 한국에 대한 무역제재와 한한령을 발동했다. 사드가 설령 미국의 대중 견제 전략의 일환이라고 하더라도, 표면적으로는 북한의 미사일 위협에 대응하는 주권국가 한국의 결정이었다는 측면에서 중국의 반발은 주권 존중이라는 자신의 일관된 주장과 부합하지 않았다.

중국은 한국에 대한 제재가 국가 차원의 공식적인 것은 아니라고 항변했다. 한국에 대한 경제보복을 공식화할 경우 WTO 등에 의해 제소당할 위험성을 줄이려는 의도이거나, 한한령을 통해 중국 내 관련 산업을 육성하려는 의도 등 여러 가지 배경들이 있을 것이다. 그러나 말과 행동의 괴리를 최소화하려는 일종의 고육지책으로 해석할 수도 있다.

사실, 국제정치에서 말과 행동의 불일치는 중국만의 문제가 아니다. 미국이 표면적으로 인권과 민주주의를 강조하지만 여러 비판적 목소리가 존재한다. 예를 들어, 인권외교를 구호로 집권한 카터 정권이 5·18의 유혈진압에 동의했다는 사실은 미국의 '위선'을 단적으로 보여준다. 소련과의 '신냉전'이 심화되는 상황에서 카터는 반공이 민주주의 가치보다 중요하다고 말하기까지 했다. 1993년 집권한 클린턴 역시 다르지 않았다. 클린턴은 대선 후보 시절부터 중국의 6·4 천안문 사건을 거론하며 부시 정권의 유화적 태도를 비판했다. 클린턴은 임기 초반 실제로 중국의 인권문제와 최혜국대우를 연계시키기도 했다. 그러나 그는 취임 2년이 채 못돼 연계 정책을 전격적으로 철회했다. 클린턴은 그러한 정책선회를 '미국의 이익' 때문이라며 정당화했다. 물론 그것은 경제적 이익이었다. 중국 시장에서 얻는 미국의 경제이익은 중국의 인권 문제를 압도했던 것이다. 중국 인권문제에 대한 미국의 비판은 레토릭으로만 존재했다.

현재도 다르다 볼 수 없다. 트럼프 정권에 이어 바이든 정권도 중국의 신장이나 홍콩 문제를 거론하며 인권과 민주주의를 강조하고 있지만, 중국시장에서의 경제이익을 버리면서까지 그럴수 있을지는 회의적이다. 상황 변화에 따라 클린턴 정권처럼 한순간에 정책변환을 할 가능성도 배제할 수 없다. 그렇기 때문에 '너희 미국의 인권상황이나 챙겨라'라는 중국의 비아냥이 오히려 현실과 부합할지도 모른다. 인권을 둘러싼 현재의 미중 갈등에서 일종의 기시감을 느낀다면, 1990년대 초 인권을 둘러싼 미중 갈등 때문일 것이다.

국제정치학자 스티븐 크래스너는 국제정치의 핵심 규범인 주권을 '조직화된 위선'이라고 규정한다. 원칙대로라면 국가들은 각각 최고 권력을 갖고 있으므로 모든 국가는 평등해야만 한다. 그러나 국제정치의 실제는 주권규범대로 움직이지 않는다. 현실에서는 국가 간 힘의 분포에 따라 국제정치가 주조된다는 것은 일종의 상식이다. 아편전쟁 이후 소위 '민족적 굴욕기' 백년을 거친 중국은 다른 어떤 국가보다도 국가 주권을 강조하지만, 중국 역시도 그런 레토릭을 실제에서 구현한다고 보기는 어렵다. 그렇다면, 중국의 말은 중화질서 속에서도 그리고 현재의 근대 주권질서 속에서도 정치적 담론이라고 보는 것이 더 적확할 것이다. 실제를 정당화하기 위한 텍스트화된 전술이라는 것이다.

한국의 대중국 전략은 무엇보다 이런 중국의 행태에 대한 면밀한 독해가 필요하다. 중국이 생산·유통하는 담론의 의미와 기능을 정확히 독해할 때 그만큼 대중국 외교의 협상력이 배가될 것이다. 즉, 한국이 미국의 대중견제 전략의 선봉대가 되는 상황을 중국이 민감하게 간주한다면, 한국은 일관되게 주권국가로서 한국의 독자성을 중국 측에 강조할 필요가 있다. 한국은 주권

국가로서 자국 안보를 방어할 권리를 갖고 있음을 분명히 인식시키는 전략이다. 전시작전권 환수나 한국형 무기체계의 개발 등은 이러한 레토릭을 뒷받침해주는 실제 행태가 될 것이다. 중국은 미국 무기인 사드배치에 반발할 수는 있지만, 한국의 자체적인 첨단무기 개발에는 노골적으로 반발하기는 어렵다. 주권존중이라는 스스로의 대원칙과 모순에 빠지기 때문이다. 중국의 말과 행태에 대한 면밀한 이해가 필요할 때다.

04

중 · 러 관계,
상호의존의 역사

5월 25일 중국의 국무위원 양제츠는 모스크바에서 푸틴을 만나 시진핑의 친서를 전했다. 시진핑은 친서에서 "중러 간 상호신뢰를 통해 새로운 국제관계 패러다임을 열자"고 강조했다. 이에 푸틴은 "양국관계가 역사상 어떤 때보다 좋다"고 화답했다. 표면적으로 중러 밀착은 미국을 견제하려는 의도로 풀이될 수 있다. 미국은 2014년 러시아의 크림반도 침공 이후 러시아에 대한 제재를 가하고 있으며, 중국과는 경제와 인권 등 전방위적으로 대립하고 있다. 중러 협력은 이런 미국을 견제하기 위한 연대라 할 수 있다. 그러나 수면 위 중러관계가 좋다는 것이 중러관계의 모든 것을 말해주는 것은 아니다. 중러 양국은 정말 우호적인가?

■ 인접한 중국과 러시아, 긴장관계 지속

1880년 일본에 갔던 수신사 김홍집은 '조선책략'을

들고 귀국했다. 주일 청공사 황쭌셴이 쓴 조선책략은 러시아의 위협에 맞선 조선의 대응전략을 담고 있었다. 즉, 전통적인 친중정책을 토대로 일본 및 미국과 우호적 관계를 강화해야 한다는 논리였다. 청말 외교를 총괄했던 리훙장 역시 일관되게 러시아를 가장 위협적인 나라로 꼽았다. 조러밀약 사건에서 나타나듯이, 청은 조선이 대러 관계를 활용해 대중국 종속으로부터 벗어나려는 조짐을 보이자 조선을 강하게 압박하기도 했다. 청은 왜 그렇게 러시아를 위협적으로 보았을까?

국제정치학자 스티븐 월트는 국가가 지리적으로 가까울수록 상호간 위협감이 증대된다고 설명한다. 물론, 국경을 맞대고 있어도 우호적인 국가는 얼마든지 있다. 예를 들어, 캐나다와 멕시코는 미국을 위협적으로 보지는 않는다. 중국의 접경국인 파키스탄과 미얀마는 대표적인 친중 국가이기도 하다. 그러나 이런 경우 대부분은 인접한 국가 간 세력차이가 크다. 따라서 인접 약소국에게는 강대국에 '편승'하는 것이 합리적인 생존전략이다. 봉건시기 중국 중심의 조공질서가 그런 경우였다.

문제는 인접국들의 세력 차이가 크지 않을 때이다. 유럽을 보면 영국과 프랑스, 그리고 독일이 그런 경우이다. 이들 국가는 끊임없이 이합집산을 벌이면서 충돌했다. 20세기 1,2차 세계대전은 그 비극적 결과였다. 철학자 미셸 푸코가 "유럽 역사는 독일이 제국이 되는 것을 막아온 역사"라고 말했던 지리적 배경이기도 하다. 독일의 팽창은 인접한 프랑스나 영국의 세력권을 침해할 수밖에 없었고, 프랑스와 영국은 이를 용인할 수 없었다.

러시아와 중국 역시 이와 비슷하다. 양국의 세력은 상대적으로 대칭적이며 그만큼 편승보다는 세력균형 논리가 강하게 작동한다. 중러관계의 긴장감은 20세기 들어서도 크게 달라지지 않았다. 1911년 신해혁명과 1917년 볼세비키 혁명으로 중국과 러시아에서 각각 공화국이 수립된 이후에도 중러관계에는 늘 일정한 긴장감이 흘렀다. 때론 협력관계를 이루기도 했지만, 그것은 현실적 이해관계에 따른 전략적 협력이었을 뿐 쌍방은 끊임없이 서로를 경계하고 불신했다.

소련은 1923년 1월 '쑨원-요페 선언'을 통해 국민당 세력과 중국 통일 및 혁명완수를 위해 협력하기로 약속했다. 그렇게 1차 국공합작의 토대가 마련되었다. 사회주의 소련과 부르주아 정치세력이었던 국민당의 연대에는 이념적 접합점이 없었으나, 실리적 이해관계가 맞물린 것이다. 소련은 서유럽 국가들에서 사회주의 혁명이 연이어 좌절되고 동시에 소련에 대한 압박이 심화되자 제 3세계에 우군을 찾으려 했다. 서구 제국주의에 저항하는 식민지 해방 세력과 연대해 소련의 입지를 강화하겠다는 전략이었다. 쑨원의 국민당 세력은 이런 소련의 지원을 거부할 이유가 없었다. 애초 쑨원은 소련이 아니라 미국 등 서방의 지원을 얻어내려 했지만 뜻대로 되지 않았다. 서방의 눈에 국민당 세력은 중국내 할거하는 여러 군벌 중 하나로 보였기 때문이다.

그러나 소련과 국민당의 협력은 불과 3년 만에 붕괴되기에 이른다. 1927년 4월 장제스가 상하이 반공쿠데타 일으켜 공산당 세력을 일거에 제거해 버린 것이다. 장제스는 기본적으로 중국 공산당 세력을 '소련의 주구'라고 인식했다. 그는 소련의 지원을 받아 북벌을 수행하는 과정에서도 쑨원에게 계속해 공산주의자들과의 관계 단절을 진언했다. 그들이 중화민족의 이익을 러시아에 팔아먹는다는 논리였다. 장제스의 반공쿠테타는 쑨원이 죽고 북벌이 완수되는 상황에서 이미 예견된 것이나 다름없었다.

물론, 소련과 장제스 국민정부의 관계가 완전히 단절됐던 것은 아니다. 1931년 만주사변 이후 소련과 장제스 정권은 공공의 적 일본에 맞서 다시 협력하게 됐으니 말이다. 2차 국공합작이었다. 태평양전쟁이 종결되는 1945년 8월 소련과 장제스 정권은 동맹조약까지 체결했다. 스탈린의 눈에는 실질적으로든 명분적으로든 장제스가 중국을 대표하는 최고실력자였기에 동맹 체결은 합리적 선택이었다. 스탈린과 장제스의 협력에는 현실적 이유만 있었을 뿐 이데올로기는 중요하지 않았다.

소련과 마오쩌둥 세력은 어떤 관계였을까? 혁명 시기부터 그 양자 관계에 일정한 긴장감이 흘렀다는 것은 잘 알려진 사실이다. 마오쩌둥이 1935년 1월 쭌이에서 실권을 장악하기 전까지 마오쩌둥은 당내 친소파들에게 끊임없이 비판을 받았다. 당권파들은 마오쩌둥의 농촌 중심의 혁명 전략을 마르크스 노선에서 벗어난 이단으로 치부했다. 스탈린 역시 마오쩌둥을 공산주의자로 간주하지 않았다. 스탈린은 마오쩌둥을 공산주의자를 참칭한 봉건적 민족주의자로 간주했다. '마가린 공산주의자'라고 폄하하기까지 했다.

국공내전의 전세가 공산당에게 기우는 상황에서도 스탈린은 마오쩌둥을 탐탁하게 생각하지 않았다. 1949년 홍군이 양쯔강을 도하해 국민당군을 공격하는 상황에서는 남경에 있던 소련대사가 국민당과 함께 피난에 나설 정도였다. 마오쩌둥은 소련이 홍군의 양쯔강 도하에 미온적 태도를 보이자, 중국을 남북으로 분할 지배하려는 속셈이라고 비난할 정도였다.

특히, 스탈린은 마오쩌둥이 중국의 티토가 될 수 있다는 의심을 거두지 않았다. 유고슬라비아의 티토 정권이 소위 독자노선을 통해 미국을 위시한 서방과의 관계 개선을 도모하던 상황을 마오쩌둥이 재현하지 않을까 하는 우려였다. 1949년 12월 마오쩌둥이 동맹조약 체결을 위해 모스크바에 갔을 때도 스탈린은 거의 2달 동안 제대로 만나주지도 않았다. 마오쩌둥은 "먹고 자고 화장실 가는 것밖에 할 것이 없었다"라고 후일 회상하기도 했다.

그러나 한국전쟁의 발발과 미중 충돌로 중소관계는 새로운 국면에 접어들었다. 중국의 한국전 참전으로 스탈린은 비로소 마오쩌둥 정권에 대한 의구심을 거둘 수 있었던 것이다. 마오쩌둥 정권 역시 미국과의 관계 개선이 무산된 상황에서 '대소일변도 정책'을 적극적으로 추진할 수밖에 없었다. 문제는 스탈린의 죽음과 흐루쇼프의 집권이라는 소련의 국내정치적 변화였다. 흐루쇼프는 스탈린의 '전쟁불가피론' 대신에 '평화공존

론'을 제시하면서 대미관계 개선에 적극적 태도를 보였다. 미국과의 무리한 세력경쟁을 완화하려는 합리적 전략 조정이었다.

중국은 당연히 고립감을 느낄 수밖에 없었다. 동맹국 소련이 불과 몇 년 전 중국과 한반도에서 전쟁을 벌였던 미국과 관계 개선을 한다는 것은 중국에게는 배신적 행위와 다를 바 없었다. 중소분쟁은 그렇게 시작됐다. 중소 양국은 서로 상대방을 각각 수정주의자와 교조주의자로 격렬히 비난했다. 단순히 이데올로기 대립뿐만이 아니었다. 실제에서도 중소관계는 파국으로 나아갔다.

1959년 소련은 애초 중국에 약속했던 핵무기 개발 원조 계획을 파기하고 수천 명에 달하기 과학기술자를 전면 철수시켰다. 소련은 미소관계가 '미니데탕트'로 변화하는 상황에서 1958년 8월 중국이 감행한 진먼도 포격과 같은 도발 행위를 용인할 수 없었다. 최악의 경우 미중 분쟁에 연루될 수도 있기 때문이었다. 1962년 중인 전쟁 상황에서도 소련은 철저한 중립을 고수했다. 급기야 1969년 3월 헤이룽장성 우수리 강에서는 양국 군대가 충돌하는 사태까지 벌어졌다. 문화대혁명 당시 조반파들이 류사오치를 '중국의 흐루쇼프'라 비난했던 사실은 당시 중소관계가 어떠했는지를 반증한다.

1970년대 들어서도 중소대립은 지속되었다. 소련은 중국을 견제할 의도로 인도의 핵무기 개발을 지원했으며, 반대로 중국은 인도를 견제하기 위해 파키스탄에 핵무기 기술을 전수했다. 1979년 2월 발발한 중월 전쟁 역시 중러 긴장관계를 보여준다. 베트남이 통일 후 친소 노선을 노골화하자, 중국은 전격적으로 베트남에 대한 군사행동을 개시했다. 군사행동 직전 덩샤오핑이 미국을 방문해 대미 관계정상화를 과시했다는 사실은 중월전쟁이 소련과 베트남 vs 중국과 미국의 전쟁이었다는 것을 암시한다. 마오쩌둥은 1970년대 초 대미관계 개선을 모색하면서 자신의 선배 세대가 구사했던 '원교근공' 논리를 소환하기도 했다. 지리적으로 떨어져 있는 미국을 활용해 가까이 있는 소련을 견제하겠다는 전략이었다.

■ 중러관계의 긴장감은 여전히 지속

"영원한 우방도 영원한 적도 없다. 우리의 이익은 영원하며, 이익을 추구하는 것이 우리의 의무다." 19세기 영국 총리였던 팔머스턴은 이렇게 강조했다. 중러관계도 다르지 않다. 좀 더 역사적인 맥락에서 보면, 중러관계는 미중관계보다 그 갈등 정도가 심했다는 것을 부인할 수 없다. 미국과 중국은 한국전쟁 이후 20여년기의 단절기가 있었지만, 그 외 시기는 협력지향적 관계를 보였다. 반면 중러 간 긴장감은 늘 저변에 흐르고 있다. 지리적으로 인접하고 있는 두 대국 간의 필연적인 숙명이라 할 수도 있다.

현재 중러관계 역시 다르지 않다. 중국과 러시아에 대한 미국의 압박이 심화되면서 호사가들은 중러 밀월관계를 말하지만, 과연 그런지 꼼꼼히 따져볼 필요가 있다. 미중소 전략적 삼각관계라는 큰 틀에서 보면 그렇다. 중소관계는 1950년대 전반 미국을 공공의 적으로 삼아 우호적이었지만, 1960~70년대는 첨예한 갈등을 보였다. 중소 양국이 각각 미국과 어떤 관계를 갖느냐에 따라 중소관계의 구체적 양태가 결정된 것이다. 우호적이라는 현 중러관계도 향후 상황 변화에 따라 어떻게 전개될지는 여전히 확언하기는 어렵다.

실제로 현재 중인분쟁이 심화되는 상황에서도 러시아는 인도와 핵잠수함, 전투기, 그리고 미사일 등 첨단무기 협력을 강화하고 있다. 반면, 중국은 서방의 대러시아 제재에 일견 러시아를 두둔하는 것처럼 보이지만, 수면 아래서는 중립적인 태도를 취하고 있다. 이렇다면, 미국에게는 일종의 기회일 수도 있다. 즉, 미국은 중국 견제를 위해 러시아에 접근할 수도 있는 것이다. 2021년 6월 16일 스위스 제네바에서 개최된 미러 정상회담에 대한 중국의 민감한 반응은 이를 반증한다. 중국 관영언론은 러시아와 중국을 갈라치려는 미국의 시도가 성공하지 못할 것이라며 불편한 심기를 숨기지 않았던 것이다.

중국은 두만강을 통해 동해로 진출할 수 없다. 동해와 접해 있는 불과 십수 킬로미터 지역의 주권을 러시아와 북한이 행사하고 있기 때문이다. 중국은 1990년대 러시아와의 협의를 통해 동해로 나가는 통행권을 보장받았지만, 완전한 것은 아니다. 러시아는 여전히 일부 선박의 통행만을 선별적으로 허용하고 있다. 사실, 물리적으로도 그 협로를 횡단하는 다리의 높이도 낮아 큰 배의 통행이 원천적으로 불가능하다. 두만강을 통해 동해로 진출하려는 중국의 의지와 이를 통제하려는 러시아의 의지는 중러관계의 오래된 긴장감을 상징하는 것은 아닐까? 표피적인 상황으로 중러관계를 재단할 필요는 없다.

사진 4. 북한과 러시아를 잇는 '우정의 다리.' 중국의 대형선박이 동해로 나가는 것을 물리적으로 막고 있다.(출처)https://www.reddit.com/r/pics/comments/6sorsc/the_friendship_bridge_the_only_crossing_on_the/>

05

중국은 왜 압록강을 건넜는가?

1950년 10월 19일 중국 인민지원군은 압록강을 건너 한반도로 들어왔다. 연합군은 후퇴를 거듭해 38선 이남으로 밀려 내려왔다. 중국군의 대규모 개입으로 크리스마스까지 전쟁을 끝내겠다는 연합군의 희망은 속절없이 무너졌던 것이다. 중국은 왜 한국전쟁에 참전했는가? 전통주의적 시각에 따르면, 중국의 참전은 소련-중국-북한으로 이어지는 사회주의 진영의 단합된 결정이었다. 3자는 상호 치밀한 협력을 통해 사회주의 혁명 확산이라는 목표를 이루고자 전쟁을 일으켰다는 주장이다. 그러나 이런 전통주의 시각은 소련 붕괴 후 해제된 기밀 자료들에 의해 도전받게 된다. 삼국 사이에도 불신과 긴장감이 팽배했다는 것이다.

■ 미국의 대중국 접근과 스탈린의 우려

1950년 1월 미 국무장관 딘 애치슨은 미국의 동아시아 방어선이 알류산 열도로부터 오키나와를 지나 필리핀 열도에 이른다고 말했다. 소위 애치슨 선언이었다. 문제는 애치슨 라인에 타이완과 한반도가 포함되지 않았다는 사실이다. 이들 지역이 사회주의 진영과 대결하는 최전선이라는 측면에서 상당히 이례적인 발언이었다. 미국은 왜 이런 형태를 보인 것일까?

트루먼 정권이 합리적 행위자라면, 애치슨 선언이 어떠한 정치적 의미가 있는지 모르지 않았을 것이다. 누가 애치슨 선언을 가장 반겼을까? 어렵지 않게 마오쩌둥 정권이라 추론할 수 있다. 장제스를 패퇴시키고 대륙을 석권한 마오쩌둥 세력은 1949년 10월 1일 중화인민공화국을 수립하고 '타이완 해방'을 목전에 두고 있었다. 이런 상황에서 미국이 타이완을 동아시아 방어선에서 제외한 것은 마오쩌둥 정권에 대한 일종의 유화 제스처라 해석할 수 있다. 애치슨 선언 직전인 1950년 1월 5일 미 대통령 트루먼이 "타이완은 중국의 일부"라고 공표하기까지 했으니 말이다.

미국은 왜 신생 중국에 유화적 태도를 취했을까? 그 답은 미국의 전통적 대중국 정책인 '문호개방정책'에 있었다. 1899년과 그 이듬해 미 국무장관 존 헤이는 중국에 대한 일련의 문호개방정책을 공표한다. 그 핵심은 중국의 영토와 주권은 보전되어야 하며, 중국 시장에서 미국의 상업적 이익은 차별받지 않아야 한다는 것이었다. 어떤 국가라도 중국을 식민지로 만든다면, 미국의 상업적 이익이 훼손되기 때문에 반대한다는 것이다. 실제로 일본은 문호개방정책을 위배하고 중국을 독식하려다 미국의 가혹한 '응징'을 받기도 했다. 태평양전쟁의 핵심 원인은 다름아닌 중국문제였다.

1949년 중화인민공화국이 들어선 이후에도 미국의 문호개방정책은 확고부동했다. 미국은 기본적으로 장제스의 중국이든 마오쩌둥의 중국이든 문호개방정책만 훼손되지 않는다면 개의치 않았다. 특히, 장제스 정권이 자멸하다시피 타이완으로 쫓겨가자 미국은 마오쩌둥 정권에 접근하려 했다. 실제로 애치슨은 "악마가 중국을 경영한다고 하더라도 소련으로부터 독립적이라면 괜찮다"라고 공표할 정도였다. 중국에 대한 소련의 영향력 확대를 견제하겠다는 분명한 의지였다.

사실, 미국은 태평양 전쟁 시기에도 마오쩌둥 세력을 적대시하지 않았다. 옌안에 파견된 미군관찰조는 이를 보여준다. 미 육군 대령 데이비드 바렛과 국무부 관료인 존 서비스 등으로 구성된 미군관찰조는 1944년부터 3년 동안 옌안에 머물면서 중국공산당 세력과 접촉했

사진 5. 미군관찰조는 1944년부터 47년까지 옌안에 머물면서 중국공산당과 접촉했다. 옌안혁명기념관. 박홍서©

다. 이들은 마오쩌둥을 비롯한 공산당 지도부와 격의 없이 어울리면서 친밀한 관계를 형성했다. 미국 역시 충칭의 장제스가 이후 중국대륙을 통일할 것이라 당연시했지만, 미래는 열려있기에 공산당 세력과 안정적 관계를 유지해야할 필요가 있었던 것이다.

마오쩌둥도 미국과의 관계개선에 적극적이었다. 마오쩌둥으로서는 혁명 시기부터 이어진 당내 친소파와의 권력투쟁이라는 개인적 연원, 대소련 견제, 그리고 향후 안정적 국가건설을 위해서라도 대미관계 개선은 중요할 수밖에 없었다. 마오쩌둥은 신생국가의 경제건설을 위해서는 자본주의 최대 강국 미국의 지원이 필수적이라 생각했다. 그는 미국에 대한 찬양도 숨기지 않았다. 조지 워싱턴이나 토마스 제퍼슨 등 미국의 정치지도자를 칭송했으며, 심지어 중국혁명이 미국의 독립혁명과 다르지 않다고까지 했다. 자신과 저우언라이가 워싱턴을 방문해 루스벨트와 회담하겠다고까지 했다.

그러나 1946년 국공내전이 격화되는 어수선한 상황에서 마오쩌둥 세력과 미국의 실질적 관계개선은 이뤄지지 않았다. 장제스의 국민당이 공산당을 패퇴시키고 중국을 통일할 것이라는 점을 누구도 의심하지 않았기 때문이다. 미국 역시 그런 상황에서 장제스를 소외시키고 마오쩌둥 세력과의 관계개선에 전력해야 할 합리적 이유가 없었다. 이런 상황에서 모두의 예상을 깨고 마오쩌둥이 이끄는 공산당이 국공내전의 최종 승자가 되었다. 다윗이 골리앗을 이긴 것이다. 공산당의 승리 배경에는 엄격한 정치규율뿐만 아니라 무엇보다 토지개혁 등을 통한 대중의 지지 확보가 있었다. 공산당 통치는 극도의 부패 및 착취가 일상적이던 국민당 통치와는 분명 달랐다.

상술한 애치슨 선언은 바로 이러한 상황에서 나왔

다. 트루먼 정권은 신생 중국과의 관계 개선을 통해 중국에서 소련의 영향력을 견제하고, 동시에 전통적인 대중국 문호개방정책을 고수하려 했다. 문제는 소련의 스탈린으로서는 이런 상황전개를 반길 수 없었다는 것이다. 미소 냉전이 심화되는 상황 속에서 미중 양국의 밀착은 소련의 고립을 의미했기 때문이다. 마오쩌둥이 또 다른 티토가 되는 상황인 것이다. 따라서, 스탈린은 미중관계 개선을 차단하기 위한 일련의 조치를 취하기 시작했다. 1950년 2월 14일 체결된 중소 동맹조약은 그 첫 번째 조치였다.

스탈린은 애초 중소동맹조약 체결에 적극적이지 않았다. 1949년 12월 조약체결 협상을 위해 모스크바에 온 마오쩌둥을 제대로 만나주지도 않았다. 마오쩌둥은 자신이 한 것이라고는 먹고 자고 화장실 가는 것밖에 없었다고 토로할 정도였다. 그러나 애치슨 선언 직후부터 스탈린은 중소동맹 체결에 적극적으로 변하기 시작했다. 중국이 소련 진영의 일원이라는 것을 대외적으로 공표함으로써 미국의 대중 접근을 차단하겠다는 의도였다. 실제로 중소동맹체결 이후 마오쩌둥 정권에 대한 미국내 여론이 급속히 악화되면서 친국민당 정서가 지배적이던 미 의회는 트루먼 정권의 대중국 유화책에 맹렬한 비판을 가하기 시작했다.

스탈린에게 중소 동맹조약 체결은 미중관계를 갈라치는 첫 번째 조치에 불과했다. 만약 동맹조약이 체결된 상황에서 마오쩌둥이 공언한대로 타이완 침공이 이뤄지면, 오히려 소련이 난처한 상황에 빠질 수도 있었기 때문이다. 즉, 인민해방군의 타이완 침공은 미국의 군사개입을 초래할 수 있으며, 자칫 소련은 중국의 동맹국으로서 미국과의 전쟁에 내몰리는 수도 있는 것이다. 따라서 스탈린은 중국의 타이완 점령을 지원하겠다는 이전의 입장을 바꿔 타이완 문제가 시급하지 않다며 말을 바꾸기 시작했다. 동시에 미중관계를 파투낼 가장 확실한 방법을 떠올렸다. 그것은 물론 전쟁이었다.

1949년 봄 김일성은 모스크바를 방문해 자신의 전쟁계획을 스탈린과 협의하였다. 스탈린은 아직 상황이 녹록치 않다며 그 계획을 승인하지 않았으나, 애치슨 선언과 중소동맹 체결 이후부터는 돌변해 적극적 의지를 드러냈다. 1950년 봄 김일성이 모스크바를 재방문하자 스탈린은 중국혁명으로 전쟁의 때가 무르익었다며 전쟁계획을 승인한 것이다.

전쟁 발발 이후 소련의 행태에서도 한국전쟁에 중국을 연루시켜 미국과 충돌시키려는 스탈린의 의도를 읽

어낼 수 있다. 소련은 6월 27일 개최된 유엔안보리의 대북 규탄결의안에 기권했다. 주유엔 소련대사 말리크는 스탈린 지령에 따라 회의에 불참하고 가까운 식당에서 태연하게 식사를 하고 있었다. 소련의 기권은 전쟁의 배후가 소련이라는 사실을 숨기기 위해서이기도 하지만, 미군의 개입을 조장해 한국전쟁을 국제전으로 격화시키려는 의도로도 풀이될 수 있다. 김일성의 공언대로 한반도 남부를 신속히 점령한다면 좋겠지만, 전세가 역전돼 미군이 북진한다 해도 중국을 연루시킬 수 있다는 심산이었다.

실제로 스탈린은 인천상륙작전 이후 미군이 38선을 넘어 빠르게 북진하자 중국의 참전을 강하게 압박했다. 스탈린은 공군력 지원을 참전의 선결 조건으로 요구하던 마오쩌둥에게 "중국이 참전하지 않으면 동북지방은 미군의 일상적 폭격에 직면할 것"이라고 겁박하기까지 했다. 또한, 소련은 중국군의 전면적 군사행동을 규탄하는 유엔안보리가 개최됐을 때에는 즉각 거부권을 행사했다. 전쟁 발발 직후 유엔의 대북규탄 결의안에 기권했던 소련의 행태에 비추어 보면, 중국의 개입을 바라는 스탈린의 속내가 드러난다.

마오쩌둥 정권은 군사개입 마지막까지 장고를 거듭했

다. 중일전쟁과 국공내전 끝에 신생국가를 수립한 상황에서 중국이 또다시 전쟁에 휘말려드는 것은 분명 합리적이지 않았다. 게다가 상대는 세계 최강국인 미국이었다. 그럼에도 마오쩌둥은 파병을 결정했다. 미국과의 관계정상화에 대한 희망이 완전히 사라진 상황에서 향후 경제건설의 지원을 얻기 위해서라도 소련의 요구를 거부할 수 없었기 때문이다. 또한, '순망치한'이라 표현되는 한반도가 중국의 국가안보에 갖는 지정학적 가치도 고려하지 않을 수 없었다. 임진왜란 시기 명군의 파병과 1950년 중국군의 참전 양상이 상당히 유사했다는 사실은 이를 보여준다.

한편, 마오쩌둥 정권은 한국전쟁을 활용해 국내정치적 이익을 확보하려 했다. 소위 '항미원조'를 구호로 공산당에 반대하는 국내 정치세력을 솎아내려 한 것이다. 마오쩌둥 정권은 애초 중화인민공화국을 수립하면서 '신민주주의'를 내세우며 자산계급 및 국민당 관료들에 대한 포용정책을 추진하였다. 여전히 대륙을 완전히 통제할 만한 역량이 부족했기 때문에 내린 불가피한 선택이었다. 그러나 한국전쟁은 이런 상황을 급반전시키는 결정적 계기가 되었다. 외부위협을 통한 체제결속 강화라는 동서고금의 보편적 통치술이 작동하기 시작한 것이다. 마오쩌둥 정권은 '삼반오반운동'을 통해 구체제의 관료와 자산계급을 제거했으며, '과도기 총노선'을 통해 신민주주의 체제에서 사회주의 공화국으로의 이행을 급진적으로 추진하기 시작했다.

중국은 한국전 참전으로 현재까지 한반도 문제의 핵심 관여자로 자리매김하고 있다. 특히, 북한에게 중국의 지원은 국가생존의 필수불가결한 토대가 되고 있다. 70여 년 전 중국의 파병으로 김일성 정권이 기사회생했다면, 현재도 중국은 김정은 정권이 기댈수 있는 거의 유일한 강대국이라 할 수 있다. 대중국 무역이 북한 대외무역의 90% 이상을 차지한다는 경제적 측면뿐만 아니라, 중국이 미국의 대북 강경책을 견제해줄 동맹국이라는 점에서 그렇다. 물론, 향후 한반도에서 이런 북중 동맹과 한미 동맹 사이의 대결구도가 지속되는 것은 분명 바람직하지 않다. 그러한 상황은 구조적으로 한국 전쟁 당시와 비교해 한반도 상황이 근본적으로 개선되지 못했음을 의미하기 때문이다. 여전히 끝나지 않은 한국전쟁의 근본적 종결을 기대해 본다.

06

중국은 미국을 넘어설 수 있을까?

최근 미중관계에 대해 다양한 논의들이 나오고 있다. 그 주요 주제 중 하나가 향후 미중 간 세력전이가 가능할까라는 문제다. 중국이 새로운 패권국으로 부상한다는 것은 백여 년간 지속된 미국 주도 세계질서의 근본적 변화를 의미하기 때문에 중요할 수밖에 없는 주제다. 특히, 지정학적으로 미중 사이에 위치한 한반도의 입장에서는 더욱 그렇다. 미래는 열려 있기에 미중관계의 미래를 정확히 예측하는 것은 불가능하지만, 현 미중관계의 구조를 정확히 독해할 수 있다면 향후 전망에 일정한 도움이 될 수 있다. 물론, '모든 상황이 동일하다'는 전제하에서 그렇다. 중국은 미국을 넘어설 수 있을까?

■ 양적 국력이 아닌 질적 국력의 문제

미중 간 세력전이의 근거로 일반적으로 제시되는 근

거는 중국의 가파른 GDP 성장이다. 개혁개방을 시작할 무렵 중국의 GDP는 세계 10위권이었으나, 2020년 현재 14조8000억 달러로 미국(20조8000억 달러)을 추격하는 2위로 뛰어올랐다. 이를 근거로 많은 이들은 미중 세력전이가 시간문제라고 주장한다.

문제는 양적인 GDP는 미중관계의 단면을 적확히 드러내지 못한다는 데 있다. 중국의 GDP는 미국경제에 대한 중국경제의 질적 '취약성'을 결코 보여줄 수 없기 때문이다. 중국의 GDP가 설령 미국을 뛰어넘는다고 하더라도 그런 취약성이 극복되지 못한다면, 미중 세력전이는 요원할 수밖에 없다. 덩치가 크다는 것과 튼튼한 것은 별개의 문제일 뿐이다.

중국은 왜 미국에 취약한가? 사실, 군사·안보 영역에서 중국의 대미 취약성은 크다고 할 수 없다. 중국 역시 핵억지력을 보유하고 있기에 미국의 전면적인 대중 군사행동을 차단할 여력을 갖고 있다. 재래식 무기의 측면에서도 중국은 동펑 계열의 미사일 등으로 미 항모 전단을 차단할 소위 '반접근(anti-denial)' 전력을 보유하고 있다고 평가된다.

반면, 경제 영역에서의 대미 취약성은 심각한 상황이다. 그 근본적 이유는 개혁개방기 중국의 급속한 경제성장이 미 달러체제로의 편승 결과라는 사실에 있다. 1978년 12월 말 개최된 중국공산당 11기 3중전회에서 공식화된 개혁개방은 1979년 1월 1일 미중관계 정상화와 동떨어져 생각할 수 없다. 개혁개방 전략은 1958년 마오쩌둥 정권이 추진했던 대약진 운동과 경제건설이라는 목표는 같았지만, 미국의 달러 자본을 활용하겠다는 점에서 결정적 차이를 보였다.

1950년대 초 중국은 대소일변도 정책을 통해 소련으로부터의 자본을 공여 받아 경제건설을 시도했다. 그러나, 이후 중소관계 악화에 따라 소련으로부터의 지원이 끊기자 마오쩌둥 정권은 광대한 인민의 풍부한 노동력을 활용한 대약진운동에 나섰다. '우공이산'을 외치면서 자력갱생식 경제건설을 시도했다. 결과는 대약진이 아닌 대실패였다. 자본 없이 노동력만 갖고 경제를 건설하겠다는 것은 돌로 금을 만들겠다는 연금술에 지나지 않았기 때문이다.

덩샤오핑의 개혁개방 전략은 완전히 다른 방법론에 기반했다. 중국의 풍부한 노동력에 이제 해외자본을 결합하겠다는 전략이었다. 결국 개혁개방은 미국 자본에 대해 중국 시장의 문을 열겠다는 것과 다르지 않았다. 이런 중국의 행보는 미국이 19세기부터 주장해 왔던 대중국 문호개방정책과 완전히 부합했다. 따라서, 미국은 덩샤오핑의 개방 정책을 적극적으로 환영했다.

문제는 세상에는 늘 얻는 것이 있다면 잃는 것이 있다는 것이다. 중국은 미국 및 서방의 자본과 기술을 통해 급속한 경제성장을 했지만 그럴수록 달러체제에 얽매였던 것이다. 소위 '신브레튼우즈체제'로 표현되는 현 자본주의 국제질서의 메커니즘은 중국 경제의 대미 취약성을 명확히 드러낸다. 그 구조는 다음과 같다. 중국은 미국의 자본과 기술을 받아 공장을 짓고 상품을 생산한다. 그리고 이를 다시 미국에 수출해 무역흑자로 달러를 획득한다. 그렇게 번 달러를 다시 미 국채를 매입해 미국으로 환류시킨다. 미국의 소비자들은 중국으로부터 환류된 '중국달러'를 가지고 마트에 가 중국산 상품을 구매한다. 달러는 미중 사이를 돌고 돈다. 달러는 미중 경제관계를 흐르는 혈액이 되며 미국은 그 혈액을 독점 생산한다.

중국은 이 구조 속에서 현금 부자가 됐지만, 그만큼 미국이 장악하고 있는 달러와 첨단기술에 종속될 수밖에 없었다. 따라서 미국이 만약 대중 무역적자의 축소 등의 방식으로 달러 공급을 감축한다든지 상품생산을 위한 기술을 제공하지 않으면, 중국 경제는 치명상을 입을 수밖에 없다. 기축통화 달러가 전 세계 무역 결제의 90%를 차지한다는 사실, 이에 비해 위안화 비율은 4%에 불과하다는 사실, 게다가 달러가 없으면 해외 부채를 갚지 못해 최악의 경우 국가부도에 직면할 수 있다는 사실은 중국에게는 온전히 공포로 다가온다. 달러 뿐만이 아니다. 미국의 첨단기술을 받지 못한다면, 중국은 마치 본사로부터 레시피를 제공받지 못하는 프랜차이즈점의 처지와 다르지 않다. 사실, 트럼프 정권부터 현재 바이든 정권까지 이어지고 있는 중국에 대한 보복관세 부과나 첨단 기술 수출 제한 조치 등은 중국의 아픈 곳이 어딘지를 미국이 정확히 간파하고 있음을 반증한다.

중국 지도부 역시 자국 경제의 대미 취약성을 잘 인지하고 있다. 시진핑 정권이 '중국제조 2025'라는 개념하에 첨단기술 개발에 전력을 기울이고 있는 이유이기도 하다. 현 자본주의 국제질서 속에서 중국 스스로 자신만의 레시피를 갖겠다는 의지라 할 수 있다. 뿐만 아니라, 일대일로를 통해 대미 시장에 대한 편중에서 탈피하려 하고 있으며, 궁극적으로는 위안화 국제화를 목표로 하고 있다.

문제는 이러한 야심찬 계획을 달성하기 위해서는 만만치 않은 장애물들을 극복해야 한다는 사실이다. 무엇보다 중국공산당 일당 통치라는 권위주의적 정치 시스템도 그 하나라 할 수 있다. 예를 들어, 위안화를 국제화하기 위해서는 기본적으로 중국의 금융시장이 개방돼야 한다. 20세기 초 뉴욕이 전세계 금융의 메카가 된 배경에는 전 세계 자본이 아무런 제약없이 들고 날 수 있었기 때문이다. 그러나, 중국 정부는 금융개방의 위험성을 극도로 경계하고 있다. 금융개방이 자칫 투기자본을 불러와 경제위기가 초래되고, 그로인해 통치정당성이 훼손되는 상황을 우려하고 있기 때문이다. 이런 상황이라면 위안화 국제화는 그만큼 요원할 수밖에 없다.

기술문제도 다르지 않다. 경쟁력이 떨어지는 국유기업에 대한 과도한 정부 지원은 오히려 기술경쟁력을 약화시킬 수 있다. 더욱이 정치적 이유로 가해지는 정보통신 영역에 대한 검열 및 통제는 기업들의 기술개발 의지를 가로막기 마련이다. 미 정보통신 기업들이 전 세계적으로 부상할 수 있었던 것은 결국 자유로운 정보 흐름이 있었기 때문이다.

■ 하드파워 더하기 매력

한 국가가 국제정치의 패권적 지위를 차지하기 위해서는 단순히 군사력이나 경제력과 같은 하드파워만 있어서는 부족하다. 하드파워는 패권국이 되기 위한 필요조건이지 충분조건이라 할 수 없기 때문이다. 타인을 이끄는 매력 없이 주먹만을 휘두른다면 그건 폭력배에 지나지 않는다. 바로 여기서 소프트파워의 중요성이 나온다. 패권 후보국은 매력을 발산해 다른 국가의 호감을 사야 한다는 것이다.

매력의 조건은 무엇인가? 우리는 어떤 이들을 보며 매력을 느끼는가? 그 조건들은 다양하겠지만, 일반적으로 편벽되지 않는 자유로운 사고, 그리고 그런 사람들이 매력적일 가능성이 크다. 그만큼 그들은 다양한 사람들을 '포용'할 수 있기 때문이다. 국가 간 관계에서도 크게 다르지 않을 것이다. 자유와 다양성을 용인하는 국가는 그렇지 않은 국가에 비해 강한 매력을 발산할 가능성이 크다. 예를 들어, 한국의 대중문화가 1990년대 이후 국제적으로 주목받기 시작했다는 사실을 복기해 보면 그 이유를 쉽게 이해할 수 있다. 한류는 대중문화가 국가에 의한 검열 및 통제로부터 자유로워지는 그 시점부터 대외적으로 매력을 발산하기 시작했다. 검열이 문화의 창의성과 다양성을 말살함으로써 문화 자체의 매력을 감소시킬 것이라는 추론은 분명 타당해 보인다.

이러한 측면에서 중국이 극복해야 할 문제는 적지 않다. 중국은 2008년 베이징 올림픽을 전후해 소프트파워 강화에 전력을 기울이기 시작했다. 대표적으로 공자학원 등을 활용해 전통문화를 홍보하고 있으며, 일대일로 사업을 통해 다른 국가와 '공동번영'을 추구한다는 이미지를 표방하고 있다. 전 지구적 코로나 사태에서 남미나 아프리카 국가들에 대한 백신 외교 역시 그 일환이라 할 수 있다.

그러나 중국의 소프트파워 전략이 과연 효과적인가라는 질문에는 긍정적 답변을 하기 어렵다. 국가주도의 과도한 소프트파워 전략이 그 대상에게는 오히려 거부감을 불러일으킬 수도 있기 때문이다. 소프트파워 개념을 정립한 정치학자 조지프 나이는 "중국이 소프트파워와 프로파겐더를 혼동한다"고 힐난할 정도다. 무엇보다 문화에 대한 광범위한 통제 및 검열은 중국문화에 대한 매력을 감소시키고 있다. 주지하듯, 중국문화의 역량은 그 전통과 내용에 있어 그 어떤 나라와 비교해도 뒤지지 않지만, 정작 정치적인 이유로 그런 문화 역량이 오히려 위축되고 있는 것이다. 예를 들어, 지아장커 감독의 영화 천주정은 칸 등 세계 주요 영화제에서 수상했지만, 정작 중국내에서는 개봉하기 어려웠다.

중국사회의 부조리를 음울하게 그렸다는 이유에서다. 최근 중국내 흥행 영화들 상당수가 소위 '국뽕' 소재를 다루고 있다는 사실은 중국의 대중문화가 철저히 국내용이라는 사실을 암시한다.

최근 국제사회의 대중국 여론도 이를 뒷받침한다. 미국 및 유럽, 그리고 한국 및 일본 등 주요국들의 대중국 호감도는 20~30%에 불과한 반면 비호감도는 무려 70~80%에 달하고 있다. 이들 국가가 국제사회의 여론을 주도하고 있다는 측면에서 중국 정부로서는 심각히 고민해야 봐야 할 지점이다. 물론, 기타 지역 국가들의 중국에 대한 호감도는 주요 국가들의 그것처럼 부정적이지는 않다. 그러나 그것이 이들 국가가 순수한 의미에서 중국에 매력을 느낀다는 것을 말해주는 것은 아니다. 그것은 차라리 일대일로 등 중국의 대규모 자본 공여와 같은 하드파워에 근거한 호감도일 가능성이 크다. 따라서 그러한 물적 조건이 사라진다면 중국에 대한 호감도 역시 낮아질 가능성이 얼마든지 있다.

바이든은 미국의 리더십이 다시 돌아왔다고 선언했다. 그는 또 중국이 세계의 지도국이 되기 위해서는 반드시 다른 국가로부터 신뢰를 얻어야 한다고 주장하기도 했다. 바이든의 주장이 얼마나 진정성이 있는지는 면밀히 따져봐야 할 문제지만, 미국의 소프트파워 전략이 중국의 그것보다는 '세련'됐다는 사실은 부인하기 어렵다. 노골적인 표현을 쓰면 좀 더 '교묘'하다고 할 수도 있을 것이다. 그것이 프로파겐더인지 소프트파워인지 청자가 그만큼 느끼기 어렵다는 것이다.

리더십과 신뢰는 단순히 물리적인 하드파워만 갖고는 확보될 수 없다. 미국 우선주의를 외치며 독불장군식 행태를 보이던 트럼프 정권 시기 국제사회에서 미국의 평판이 어떠했는지를 곱씹어 보면 이를 단적으로 이해할 수 있다. 현재 시진핑 정권은 국가 수립 백 주년인 2049년까지 부강하고 민주·문명화된 사회주의 강국 건설을 목표로 하고 있다. 이러한 목표를 달성하기 위해서라도 중국에게는 진정한 소프트파워가 무엇인지에 대한 진지한 내부 논의가 필요해 보인다.

사진 6. 상하이의 동방명주는 중국의 발전을 상징한다. 중국이 미국을 넘어서기 위해서는 단순한 물적 조건뿐만 아니라 중국의 매력이 미국의 그것을 뛰어넘어야 한다. 박홍서©